Manfred Kuhn

ALL-TÄGLICH VER-DICHTET

edition winterwork

Bibliografische Informationen der Deutschen Nationalbibliothek:
Die Deutsche Nationalbibliothek verzeichnet diese Publikation in der
Deutschen Nationalbibliografie. Detaillierte bibliografische Daten im
Internet über http://www.d-nb.de abrufbar.

Impressum

.

Manfred Kuhn, »ALL-TÄGLICH VER-DICHTET«
www.edition-winterwork.de
© 2021 edition winterwork
Alle Rechte vorbehalten.
Satz: Manfred Kuhn
Umschlag: Manfred Kuhn
Druck und Bindung: winterwork Borsdorf

ISBN 978-3-96014-842-5

Manfred Kuhn
ALL-TÄGLICH
VER-DICHTET

edition winterwork

Manfred Kuhn

ALL-TÄGLICH
VER-DICHTET

Inhalt:

Inhalt: Seite

Vorwort

Nun ist alles viel schneller gegangen als gedacht. Covid! Ich hatte viel Zeit zum Denken und Schreiben. Nehmt es einfach so hin wie ich auch und genießt meine Versuche.

Dieses Mal ist alles von mir bis auf das „Gebabbel" der Herta Wacker, das ich einfach mit hineinnehmen musste wegen Karl dem besonders einzigartigen, äh, ihr werdet es merken.

2021 und noch immer kein Ende der Corona-Geschichten in Sicht. Das Leben ist nach wie vor gestört, nur die Gestörten dürfen wieder auf die Tribünen. Aprospos, wählen sollen wir auch noch.

Wie auch immer, ich wünsche gute Unterhaltung und **bleibt bitte gesund.**

Danksagung

All ihr Musen, seid bedankt!
Ohne euch hätt's nicht gelangt!
Nicht ein Buch hätte ich geschafft
ohne eure Knüffe, Tritte.
Damit haben wir mich aufgerafft.
Erlaubt mir, dass ich danke, bitte.

Ich danke euch, ihr lieben Musen,
für alles, was ihr mir getan
an Streicheleinheiten und auch Schmusen,
da denk ich besonders gerne dran.

Auch wenn ich nicht mehr weiter schreibe,
ich immer euch verbunden bleibe.
Von mir kommt nichts mehr, seid gewiss.
Tschüss!

Aller guten Dinge sind drei

Aller guten Dinge sind drei,
Das gilt auch für mich.
Die Dinge an sich
zogen ALLTÄGLICH vorbei.
Verdichteten sich zu manchen Gedichten,
verloren sich im Gestrüpp der Gedanken,
blieben als Bruchstücke ohne Bindung
und Zusammenhang in des Hirnes Windung.
Und wurden indessen,
falls sie nicht noch wanken,
ungeschriebene Geschichten
und völlig vergessen.

Zum Geburtstag

Schon wieder Oktober.
Wer hätte gedacht,
dass sich das Jahr zum Ende neigt
und damit auch Corona zeigt,
dass ihm das wirklich gar nichts macht.

Drum halten wir es wie das Jahr,
tun und handeln so wie immer,
benehmen uns wie „schon e mal"
und wünschen uns: Nur nicht
noch schlimmer!

Dir an deinem Freudenfeste
wünschen wir besonders viel und Gutes,
und davon dann auch noch das Beste!
Du weißt: Nichts ist besser,
außer man tut es.

Eine schöne Geburtstagsfeier und ein
gutes neues Lebensjahr mit vielen
positiven Überraschungen
wünschen deine Freunde

Geburtstag 2020

Du hast Geburtstag, das weiß ich,
dazu will ich dir lieb gratulieren!
Wegen des Alters musst du dich
nicht genieren,
schließlich bist du schon länger Ü30.

In diesem Jahr gibt es keine Feier,
ich komme mit völlig leeren Händen,
würde dir gern einen Impftermin spenden,
doch die Hotline vertröstet mit stets
gleicher Leier.

Klopft mal das Covid an die Tür
oder schleicht um dein Haus,
grüße es freundlich und sei heiter!
Sieht es dein lächelndes Gesicht,
dann geht es weiter,
denn ganz im Gegensatz zu mir
hält es das nicht aus!

Geburtstag 2021

Liebe Freundin, wie jedes Jahr
ist heute ein schöner Tag für alle,
die dich schätzen:
Dein Geburtstag! Wunderbar!
Doch eine Feier wird uns nicht ergötzen.

Statt fröhlichem Singen und Jubeltönen
und großer Geburtstagsparty mit allen
hört man nur „Corona" stöhnen.
Das wird dir sicher nicht gefallen.

Bleib trotzdem fröhlich und zufrieden
und nimm den Lockdown nicht so schwer.
Geh gesund in die Zukunft, auch von
Corona gemieden!
Deine Freunde gratulieren dir alle sehr!

Und schleicht das Covid um das Haus,
grüße es freundlich und bleib heiter.
Das hält es gar nicht lange aus,
dann eilt es weiter.

Frühling

Von der Terrasse der Blick in den Garten
erfüllt mich immer mit großer Freude,
und wenn das Wetter ist wie heute,
kann ich den Sommer kaum erwarten.

Es grünt und blüht und gedeiht
ganz prächtig.
Der Rasen ist von Wildkräutern
durchsetzt.
Zuerst hat mich das schon
recht heftig entsetzt,
inzwischen ist´s Wiese, die Bienen
freut´s mächtig.

Birne und Pflaume erwischte der Frost,
auf Früchte muss ich diesmal verzichten.
Schade zwar, doch es stört
mich mitnichten,
ich bin nämlich kein großer Fan von Obst.

Der Salat gedeiht und wächst
bis auf einen,
der schwächelt. Ich stelle fest
bei näherem Betrachten,
dass ihm die Wurzel fehlt. Die ihr den
Garaus machten,
sind längst schon weiter.
Ich muss nicht weinen um den kleinen.

Die Süßkirsche hat gut angesetzt.
Das ist erfreulich,
doch wollen nicht mal die Vögel sie fressen.
Die Fliegen jedoch werden
sie nicht vergessen.
In jeder Kirsche ein Wurm. Abscheulich.

Rosmarin blüht und auch der Flieder,
Hornveilchen auch und Vergissmeinnicht.
In wenigen Tagen, mehr ist es nicht,
blühen Lavendel und Pfingstrosen wieder.

Von der Terrasse den Blick in den Garten
kann ich immer wieder genießen,
wenn die Pflanzen kräftig sprießen:
Gemüse und Blumen, viele Arten.

Spätherbst

Am Schlossteich ganz weit hinten
steht eine alte Linde.
Ich schnitze in ihre Rinde
ein ganz bedeutungsvolles Wort.
Noch während ich mich winde,
dass ich das rechte finde,
ist es fort.

Der Blätter Tage wie auch meine
sind gezählt,
doch würde ich lügen, wenn ich sagte, dass
mir ein einziger Tag nur fehlt.
Im Gegenteil, ich freue mich
an jedem Tag und Blatt!
Nichts habe ich davon gewählt,
das mich nur ansatzweise quält.
Ich bin zufrieden und genieße satt.

Meine Liebe

Als ich diese Zeilen schrieb,
dachte ich
ganz intensiv an dich.
Behalt mich lieb.

Ich denke stets ganz lieb von dir
und möchte dich nicht missen.
Das sollst du wissen!
Bleib bei mir!

Verlassen

Was hat mich gestern nur geritten?
Wie kam ich mit Brachialgewalt
so in den Fettnapf, dass es knallt?
Haben wir wirklich so heftig gestritten?

Heulend schallt mein tiefstes Bedauern
durch die nun unbewohnten Mauern.
Ach bitte, komm zu mir zurück,
mach mich froh, du bist mein Glück.

Auf deine Rückkehr will ich gerne lauern.
Lass mich nicht so lange trauern,
sei wieder freundlich, bezähm deine Wut.
Sei wieder lieb, und alles wird gut.

Verzeihung

Ich bitte dich mit all meinem Mute:
Verzeih mir den Fauxpas, du gute Ruth!
Schlag nicht zu heftig zu mit der Rute.
Ich werfe mich hin, das Knie voller Blut.
Sei bitte gnädig, sei wieder gut,
ich verspreche ganz fest,
dass ich´s nie wieder tute.

Kandidaten 2021

Die Namen der Kandierten habeck mir nicht
merkeln können, mein Gehirn ist schon etwas
laschet und vollgestopft.
Einige alte Erinnerungen gehören
ausgemerzt, Platz für Neues gemacht. Mein
Röttgen wird auch schon krumm,
aber was scholz:
Ich wähle eine Partei, die wird es schon
richten ...

Gereimt wird es aber auch nicht besser:

Laschet, Röttgen, Habeck, Scholz -
Hör ich die Namen so geballt,
überläuft´s mich heiß und kalt.
Keiner von ihnen fällt aus dem Rahmen,
nur vergessen dabei sind die Damen.
Doch ich denke mir: Was solls,
Hauptsache *ich* kenne die Damen!
Und vergesse bis Herbst alle Namen!

„Ich wollte ja nicht, doch ihr
seid zu schwach!"
So hörte man es aus Bayern tönen.
„Nehmt mich, ich bin besser. Ich werde
euch verwöhnen!
Bitte stimmt zu, dass ich es mach!"

Nach kurzem Gezerre und
hartem Gerangel
und fleißigem Fischen im
schwesterlichen Lager
merkte auch Markus:
Das Ergebnis ist mager.
Und Söder entsorgte die Angel.

Kaum war dieses Gedicht geschrieben,
da war sie da,
die Hoffnung der Grünen, die Chance:
Mit Annalena Baerbock gehn
sie aufs Ganze,
ohne Gezeter oder großes Trara.

Jung und dynamisch (im Vergleich)
steht sie zur Kanzlerwahl an.
Eine Stimme der jüngeren Generation.
Gute Aussichten haben die Grünen schon,
und wenn nicht jetzt, wann dann?

Im September ist Wahl!
Das wird was werden,
wenn sich über 50 Parteien bewerben.
Das Ankreuzen, wenn überhaupt,
wird zur Qual.

Ich schau doch nicht zu,
wenn die talken und reden
und kenne sie kaum,
schon gar nicht genau.
Am einfachsten wähle ich wie meine Frau,
die kennt fast jeden.

Und hinterher der Katzenjammer,
weils nicht so ausging wie gewollt.
„Jetzt geht gar nix mehr," wird gegrollt.
„Das Ergebnis geht nicht,
einfach der Hammer."

Abschied

Schön war es mit dir, du liebe,
die Fahrt nach Hause fällt mir schwer.
Du fehlst mir im Moment schon sehr.
Jetzt kracht und knirscht es
im Getriebe.
Erholung brauch ich umso mehr
und Entspannung für die Triebe.

Ach, wie hab ich es genossen,
mit dir zu sein. Wie hingegossen
auf der Liege lang zu liegen,
ausgestreckt wie hingestreckt.
Mit der Decke kaum bedeckt.
Zu leiser Musik mich im Takt zu wiegen.
Wenn das nur länger noch so bliebe.

Wo sitzt das Hornveilchen?

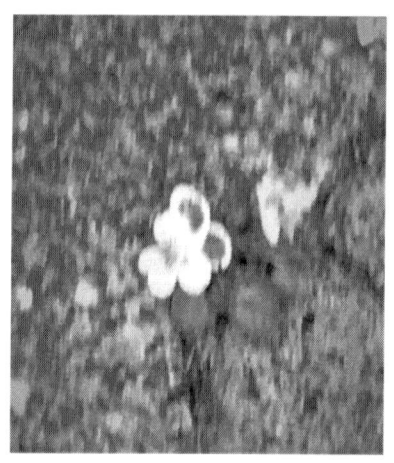

Gefunden?

Die Natur scheint unverwüstlich, aber:
Wir schaffen das !

Natur

Die weiche Nuss weilt noch ein Weilchen
und klammert sich fest an den Busch.
Die harte harrt nicht lange mehr,
dann kommt ein Eichhörnchen daher
und husch ...

Silvester

Guten Morgen, meine Liebe!
Halb sechs und putzmunter, wenn das mal
kein Zeichen ist. Da will ich mich
anstrengen heute und einen guten
Jahresabschluss hinlegen.
Na, ja ... Hinlegen klingt gut.
Jetzt warte ich auf die Sonne,
denn ohne Licht
geht nicht.

... Du hast hoffentlich gut geschlafen
und länger, da musst du noch keine so
schwierigen Entscheidungen vor dir
herschieben.
Ich wünsche einen guten Tag!

Sprüchelchen

Anfangs habe ich unbedacht gedichtet,
später dachte ich, wie ein Dichter
zu dichten. Mittlerweile verdichtet sich der
Verdacht, ich hätte mich verdichtet.

...

Ob strahlend, finster, golden, Mist,
ob hell und freundlich, grau und trist,
ob offensichtlich, ob mit List:
Uns macht das nichts, wenn´s bleibt,
wie´s ist.

...

Er ließ sich seine einmal vorgefasste
Meinung nicht durch irgendwelche
Sachkenntnis trüben.

...

Gleich als ich das alte Pfund fand,
beschloss ich, den Fund als Pfand
zu nutzen.

...

So leid es mir tut, so egal ist es mir auch.

Arbeit ist schwer

Den Autor hungerts,
er schreibt geschwind,
er ächzt und stöhnt, die Tinte rinnt.
Er kommt zu Tisch mit Müh und Not,
verlangt ein Bier und etwas Brot.
Die Hausfrau aber mit Bedacht
hat ihm ein Schnitzelchen gemacht.
Das haut er alles in sich rein.
Ein fetter Rülpser.
Oh, wie fein.

Bis bald

Bei deiner Feier ist´s hoffentlich nett
und du hast weiter keine Sorgen.
Ich bin sehr müde und sage: Bis morgen!
Und lege mich schlafen in mein Bett.

Dir wünsche ich, so es angebracht,
eine Heimkehr ohne große Macken
und eine wunderschöne gute Nacht!
Denk nicht groß nach,
lass einfach sacken.
Grübele nicht, sondern denke daran:
Wir sehen und hören uns irgendwann.

Corona

Jetzt kommen die lustigen Tage …
das sang ich früher oft im Chor.
Jetzt kommt mir nichts mehr lustig vor
wegen Corona, der großen Plage.

Morgen da müssen wir wandern …
Das geht nicht, denn es gibt ein
Beherbergungsverbot.
Maske tragen ist höchstes Gebot,
dann küsst du nicht gleich einen andern …

Jetzt kehr ich heut Abend schon wieder…
Nur kurz waren Abschiedsschmerz
und Weh,
verklungen war kaum das „Schätzel ade",
und lasse mich fest bei dir nieder.

Corona verhindert die Reise, ich bleibe.
Und bist du so lieb wie einstmals im Mai,
dann verspreche ich dir nicht nur
ewige Treu,
sondern lege mich fest und
unterschreibe.

Weise ??

Es gibt Dichter, die sind nicht ganz dicht,
und Richter, die sitzen vor Gericht
vorm Gericht,
und Mit-Esser mit Mitessern im Gesicht.
Ein lichter Moment spendet
nicht unbedingt Licht.
Wenn Ihr jetzt denkt: Was will der Wicht?
Dann sag ich Euch: Das sag ich nicht!

Ihr könnt Euch das Denken
ruhig schenken!

Aus geschlachtet

Ein großer Staatsmann, wie er
selber sagt und meint,
hat das Land gesteuert mit lockerer Hand,
mit noch lockereren Sprüchen,
und, wie mir scheint,
letztlich mit Schwung
voll gegen die Wand.

Das war es dann wohl mit
„America first"!
Ein Geschäftemacher durch und durch
versuchte sich als Amerikas Fürst.
Er ist gescheitert.
Unten durch.

Wir haben es erlebt in 4 langen Jahren,
uns mit seinen Sprüchen gequält,
den Kopf oft geschüttelt ob
seinem Gebaren.
Jetzt ist es vorbei. Er ist abgewählt.

Er hat gelogen, dass sich die
Balken biegen,
will Stimmen gegen sich nicht zählen.
So einfach kann man ihn nicht besiegen!
Eigentlich müsste man überhaupt
nicht wählen.
Das ginge ruck-zuck und wär gar
nicht schwer.
Schließlich ist doch wirklich keiner
besser als er!

Er hat polarisiert, der Abgewählte,
seine Wähler aufgewiegelt bis aufs Blut,
so dass jetzt mancher gequälte
schwerbewaffnete Fan voller Wut
sich abregen muss und lange trauern.
„Make America great again" wird
lange dauern!

Eins ist gewiss, das kann man beschwören:
Wir werden noch etliches über ihn hören.
Er ist entmachtet, der Mann von Welt,
jetzt kommt die Staatsanwaltschaft,
prüft Bilanzen und Geld.

Der Schönste, Größte, Beste,
das weiß er von sich,
makellos, fehlerfrei und
kein bisschen verwirrt.
Fehler machen nur die andern,
er hat sich noch nicht einmal geirrt.

Präsidentschaft ade! Da helfen
kein Schäumen,
keine Anwälte, kein Gericht, kein
persönliches Wüten.
Von einer zweiten Amtszeit kann er
nur träumen.
Die Amerikaner werden sich
sicher hüten,
ihn in vier Jahren noch einmal zu wählen.
Argumente dazu lassen sich
reichlich erzählen.

Obwohl ... Das Land der unbegrenzten
Möglichkeiten
lässt unbegrenzt auch Unsinn zu,
jede und alle Unmöglichkeiten.
Was wirklich kommt, wissen
weder ich noch du.

Nachwort zum „Schlachtfest"

Die Verse schrieb ich schon vor der Wahl
mit viel Überzeugung
und ganz wenig Bangen.
Ich glaubte fest, es müsste langen.
Das Ergebnis bestätigt mich allemal.

- Das Chaos danach, brutal wie noch nie,
überstieg selbst meine Fantasie. -

Weihnachts-Corona

Corona hat die Welt im Griff
fast wie ein Kapitän sein Schiff.
Das Virus greift nach arm und reich,
es vermehrt sich rasch und prächtig,
da hilft wohl nur noch „reich und mächtig",
allenfalls noch „mächtig reich".

Ihr habts Euch sicher selbst gesagt:
Die Feiertage sind vertagt.
Vorstehend ist dafür der Grund.
Ich wünsche allen: Bleibt gesund!

Hunger

Den Autor hungerts. Er schreibt in Eile
den letzten Vers seines Gedichts.
Dann eilt er zur Küche.
Er schaut umher. Es dauert ne Weile,
bis er merkt: Es gibt gar nichts!
Nicht mal Gerüche!

Auf dem Tisch liegt ein Zettel:
Du bist so vertieft,
da willst du nichts von mir hören.
Ich fahr in die Stadt zu unserem Sohn.
Wenn dir die Tinte aus der Feder trieft,
da darf ich dich doch nicht stören!
– Das hat er davon!

Zurück an den Schreibtisch.
– Er schaut auf sein Blatt,
liest seine Zeilen. Gar nicht mal schlecht.
Er telefoniert seiner Frau:
Du fehlst mir sehr.
Vom Schreiben allein werde ich
einfach nicht satt.
Komm bald zurück, das wäre mir recht,
und bring bitte ein Brathähnchen
mit hierher.

Flüchtig ...

Fünf vor zwei
bin ich dabei.
Ich wäre schon früher vor Ort,
doch die Bahn ist grad fort.

...

Du glaubst gar nicht, wie es mir graust,
wenn du nicht in dein Handy schaust.
Meine wunderschönen Reime,
frisch erdacht, noch ungelesen,
verkümmern gleich im Keime
und verwesen.

Meine Verse für die Frau
sind dann wie Perlen vor die ...
sachte, sachte,
das schreib ich nicht, was ich grad dachte,
weil ich mir damit Kummer machte.

Es gibt kein schöneres Gedicht
als dein lächelndes Gesicht.

...

Schön war es wieder, doch verdammt,
beim Heimwärtsgehen und dir Winken
habe ich ganz knapp den Pfosten
geschrammt.
Fehlte nicht viel und du sähest
zur Rechten und Linken
einen halben Manfred niedersinken.
Ging gerade noch gut. Zu unserem Glück
kam ich noch heil nach Haus zurück.

...

Gerade erwacht,
draußen noch Nacht.
Bleib ich im Bette bis gegen acht
und hoffe,
dass mir das nichts weiter macht.

...

Bis eben wunderbar geruht.
Ich kann dir sagen, es geht mir gut.
Jetzt frühstücke ich, brat mir ein Ei,
dann komme ich bei dir vorbei.

...

9 Minuten, das ist nicht zum Lachen,
dauert es, bis die nächste Bahn fährt.
Es drückt mich ganz heftig die Blase,
dichten geht nicht in dieser Phase,
ich fühle mich sehr stark beschwert.
Ich werde doch nicht in die Hose machen?

...

Heute wieder fünf Minuten später.
Ich hätte es nicht beschreien müssen.
Jetzt stehe ich hier wie jeder
und muss mein Schwatzen büssen.
Die Suppe hab ich mir eingebrockt,
die löffele ich auch aus,
doch da ich ohne Löffel bin,
warte ich bis Zuhaus.

Eben kommt der Zug ums Eck.
Schon bin ich weg ...

...

Schön war es wieder.
Danke sehr.
Gleich lasse ich mich in der S-Bahn nieder,
seufze schwer
und denke gleich, wie gut ich es habe,
weil ich dich habe.

...

Fünf Minuten wie fast immer.
Ich hielt es aus, ohne zu wanken.
Die Hauptsache ist doch, es wird nicht
schlimmer.
Jetzt sitze ich warm im Zuge,
will mich bedanken
für leckeres Essen, für Spiel und Spaß.
Schön war es wieder, glaub mir das.

...

Der Gedichte sind genug geschrieben,
deshalb zum Abschied ganz profan
ein "Vielen Dank" hinausgeschrieen.
Richtig laut, dann kommts auch an.

...

In tiefer Nacht bin ich erwacht
und hab sofort an dich gedacht.
Ich freue mich, wenn ich gleich zu dir renne.
Bis denne !

...

Ich soll mich melden, hast du gesagt.
Ob ich das will, hast du nicht gefragt.
Jetzt bin ich schon unterwegs auf der Reise
und melde mich auf diese Weise.
- Schon da! Hinaus geht er,
und meldet sich noch einmal später.

...

Ich bin gerade aufgestanden und
im Kopf noch ganz wirre.
Kein gutes Gedicht
in Sicht.
Doch die Zuversicht bleibt,
solange man schreibt,
und ich mich nicht irre.

...

Allein

Durch das offene Fenster streichelt die
Luft um mich herum.
Die Frühlingssonne erhellt das Zimmer
mit ihren Strahlen.
Ich sollte mich freuen, doch unglücklich
bin ich, darum
leide ich sehr, unter unsäglichen Qualen.

Du fehlst mir, ich vermisse
dein schönes Gesicht,
wie die Sonne ihm schmeichelt
und es mich erfreut.
Doch ich suche und suche und finde es nicht.
Alles ist trostlos und traurig.
Ich habe bereut!
Komm wieder her, erfüll mir die Bitte:
"Sei meines Lebens Mitte".

...

Lockdown

Der Lockdown, wenn er konsequent
soziale Kontakte beschränkt
und verhindert,
die Wirtschaftsleistung deutlich
vermindert,
und so rigoros die Menschen trennt,
ist nur geringe Zeit erträglich.
Corona macht für uns vieles unmöglich.

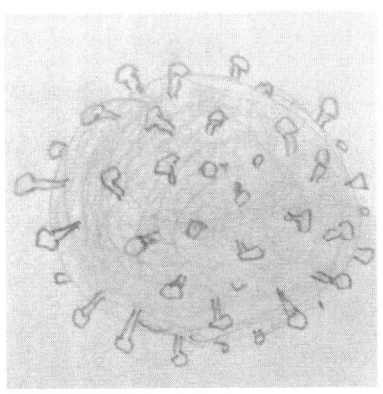

Statt Mozart, Beethoven und Brahms
ertönt im Fernsehen "Lauter-Bach".
"Ei Karl, mei Droppe!" rufe ich schwach,
wie einstens Mama Hesselbach.
Covid 19 verursacht den Krach,
da fragt man gar nicht erst: Wie kam´s?

Jetzt sehe ich dauernd sein
ernstes Gesicht,
und denke für mich: Das brauche ich nicht.
Experte hin, Experte her,
Weniger oft wäre oftmals viel mehr.
Auch wenn ichs am liebsten
verschweigen möcht:
Er weiß, was er sagt. Und er hat
häufig recht.

Noch eine Meinung

Den Artikel fand ich in einer Zeitung. Er passt gut hierher, meine ich.

Herta Wacker: Uff´s Babier gebabbelt

Wann ich mich emol an Ebbes festgebisse häb, kumm ich ganz schlecht wirre devo lous. "Ihr kennt mich ja", wie unsere zukünftische Ex-Kanzlerin gern säigd, die wou meu Fest-beißerei aach schun zu spürn kriegt hot. Alsweire. Meu "Ebbes" is seit Kurzem de Karl Lauterbach, der Schlächt-Schwätzer. Wann der im Fernseh ufftaucht, reagier ich wie unsern Asko, wann em beim Gassi en Hoas iwwe de Weg leeft: Do iwwelegt der nit un will oafach nur zubeiße! Der Karl, das muss ich em zugute hoale, is joa immer für en Spass zu hou. Desdeweje is er aach ofta in der Heute-Show. Doch jetzt ist er Stammgast in de Heute-Nochrichde un macht durt uff Orakel orre de sprechen-de Warnblinker. Koan Doag, wou der nit in e re Sendung erscheunt. Ich konn gar nit mehr entspannt die Rosenheim-Cops gucke, weil ich dauernd demit rechne dou, dass de Karl uff oamol in de Frau Stockel ihrm Büro ufftaucht.

Fernseh is jetzt wie wann ich e Wimmelbuch ougucke deed, wou ich de Karl finne muss. Bestimmt kennt ihr des Wimmel-Buch "Wo ist Walter?". Des häb ich sellemols uff em Flohmarkt für unsern Leon-Cedrik gekaaft. Die Seite sin voll mit Sache un Mensche un zwischedrin is de Walter, un den muss mer suche. Der hot dunkle Haarn (mir Bräischbocher soae zwar "Hurn", ewwe des deed vum Thema ablenke, desdeweje hochdeitsch), en Seitescheitel un e rundie Brill. Fällt eich was uff??? Naja, vielleicht iwwedreib ich aach e bissje.

Iwwedreibe dud ewwe aach de Karl, wann er sich laufend als Epidemiologe betitelt. Un es ARD un ZDF glaabt des oafach. Jetzt häb ich emol selwet recherchiert un eigentlich misst ich dadefier e bissje was vun de Rundfunkgebührn abziehe, weil ich dene ihr Erwet (Arbeit) schaff. Uff jeden Fall is dodebei rauskumme, dass der gar nit ausgebild is als Seuchen-Experte. Guckt oafach selwet noch, des glaabt ihr mir suschd nit.

Un jetzt freeg ich mich, warim der dauernd zu de Impfung vun de Kinner gefreegt wird? Un alsfurt an die Stiko appeliern dirf, dass se die Impfung empfehle soll? Un des, wou doch alle Studie e geringes Risiko für Kinner – abgesähe vun de riskante nadierlich – bescheunige.

Die Kinnerärzte wolle des aach nit, ewwe statt dass die Kinnerärzte im Fernseh vur de Impfung warne dirfe, dirf de Karl vur de DeltaVariante warne un dodemit die Kinnerimpfung propagandiern. Offensichtlich hot der beim öffentlich rechtliche Fernseh e Stoa im Brett.

Für mich hat der allerding, gelinde gsoad, e Brett vurm Kopp.Nurmalerweis wern Empfehlunge ausgesproche, weil mer Unnersuchunge durchführt un neije Erkenntnise kriggt un nit weje de MEUNUNG vun em zweifelhafte Experte!!! Was leeft dann do schief?

Doud blouß nit verzweifle un schun goarnit
an eich selbst. Zweifelt liewe an dene, die
wou eich zum Zweifle bringe.
Bis boal. Aier Herta

Corona zum soundsovielten

Corona, das spüren wir alle im Saale,
wächst immer mehr, eine virale Spirale.
Das Virus verbreitet sich exponentiell,
oder einfach gesagt: Unheimlich schnell!
Geht es allmählich zurück, das Luder,
folgt gleich ein noch aggressiverer Bruder.
Da hilft nur noch Impfen,
ohne Gewimmer,
Negieren und Leugnen macht
alles noch schlimmer.
Ich will es mir hier
mit keinem verderben,
aber mal ehrlich: Wer möchte schon
gerne im Krankenhaus sterben?

Muse

Ich sitze am Schreibtisch,
die Sonne scheint,
und meine Gedanken wandern.
Die Muse, die über die Schulter
schaut, meint:
"Viel hast du bisher aber nicht gereimt.
Tu was, sonst suche ich
mir einen andern."

Das macht mich sprachlos,
das ist mir neu.
Will sie nicht mehr? Das macht mich bange.
Ich drehe mich herum
und frage ohne Scheu:
"Was soll der Druck?
Bist du nicht mehr treu?
Du kennst mich doch schon
ziemlich lange."

Doch schon beim Herumdrehen
merke ich,
das ist nicht meine Muse!
Am falschen Ort, sie irrte sich!
Beim falschen Dichter, nicht für mich!
Lieber Leser, nimm du se!

Heimat

Nur mal so, zum Eingewöhnen,
schicke ich diese Nachricht einer Schönen.
Sie wird sie lesen irgendwann.
Ich hoffe sehr, sie kommt gut an …
in der Heimat! Es ist kaum zu glauben,
aber schön. Sie kann sichs erlauben.
Alles noch da, wie unberührt.
Sie ist glücklich, auch ein bisschen gerührt.

Jetzt hat sie Zeit, sich einzurichten.
Soo viel fällt mir da ein zu dichten:
Besuche machen, Freunde treffen,
Nachbarn, Tanten, Nichten, Neffen.

Was hat sich geändert inzwischen im Ort?
Schließlich war sie ne Zeitlang fort.
Wer von Maiers Kindern sieben
ist wohl noch im Ort geblieben?

Kennt mich die noch oder der,
oder überhaupt noch wer?
Ist die Erkundung beendet irgendwann,
steht auch schon die Rückfahrt an.

Ich wünsche: Sei fröhlich
und mache alles gut.
Ich weiß, du kannst das. Ruhig Blut!
Nimm alles locker und nichts schwer
und komm zufrieden wieder her.

Das Date

Wenn man in einen Stau gerät
und nur noch langsam vorwärts kommt
folgt die Erkenntnis prompt:
Man kommt zu spät!

Ich bin verabredet mit einer Schönen,
es ist unser erstes Date.
Und dann gleich zu spät!
Da hilft kein Stöhnen.

Eine dreiviertel Stunde zu spät.
Jetzt ist es kurz vor zwei,
die Mittagspause längst vorbei.
Ob das wohl noch geht?

Schon weg! Sie hat nicht
so lange gewartet.
Ein halbvolles Weinglas
steht verlassen am Platz,
doch er ist weg, mein zukünftiger Schatz.
Das erste Treffen! So ausgeartet!

Ich kann ihr das auch nicht verübeln,
schließlich kennen wir uns kaum.
Sie weiß noch nicht: Sie ist mein Traum!
Schlecht gelaufen. Da nützt kein Grübeln.

„Ach, kommen Sie doch noch?"
höre ich hinter mir
eine Stimme laut und klar,
und ich denke: Wunderbar!
Diese Stimme gehört IHR!

Ich mache einen Scherz.
Ihre Augen blitzen,
aber das Gesicht bleibt ernst
und unbewegt.
Sie hat sich auch gar kein
bisschen geregt.
Ihr ist wohl nicht nach Witzen.

Meine Entschuldigung nimmt sie an.
Essen ist jetzt nicht mehr drin,
aber morgen gehen wir wieder hier hin.
Ein neuer Versuch, nur besser. Oh Mann!

Wasser marsch

Morgens um 4 Uhr wars, als ich erwachte.
Niemand hörte mein leises Fluchen.
Ich war unterwegs, das WC aufzusuchen,
bevor ich womöglich das Bett nassmachte.

Danach war mir wohler, doch beim Verlassen
der Toilette vernahm ich ein Rauschen.
Ich brauchte gar nicht lang zu lauschen:
Das wollte mir jetzt überhaupt nicht passen.

Das Wasser lief ohne zu stocken.
Ich drückte hier, ich drückte dort.
Das Wasser lief in einem fort,
da blieb kein Eckchen trocken.

Die Apparatur war in die Wand gebaut
recht schnuckelig mit vielen Finten,
der Wasserzulauf unten hinten.
Ich hab mich nicht recht rangetraut.

Jetzt erst einmal den Haupthahn zu
und dann ganz schnell ins Bett zurück.
Später schaff ich das mit Glück.
Jetzt etwas Schlaf in aller Ruh.

Nach dem Frühstück, ausgeschlafen
und -geruht
mache ich mich gleich ans Werk,
ihn zu beseitigen, diesen Berg.
Mit Bedenken, Wut und Mut.

Die Verkleidung gelöst und dann probiert,
gedrückt und gezogen, herumgewackelt,
und siehe da: Es hat geschnackelt!
Ich habs gekonnt! Es ist passiert.

Beschreiben will ich es nicht,
ich bitte um Gnade.
Davor wäre es mir eigentlich auch
nicht bang,
doch dann wird das Gedicht zu lang
und langweilig auch, das wäre schade.

Der Freund

Wir waren verabredet zum Schlucken,
fest und flüssig, wie´s uns bekommt.
Ich war pünktlich und konnte gucken,
wie die Zeit vergeht und mein Freund
nicht kommt.

Irgendwann habe ich mich entschlossen,
allein zu trinken und zu speisen.
Bestellt, erhalten und genossen.
Dann kam er doch ums Eck geschossen.

„Schön, dass wir uns mal wieder sehen!
Erstaunlich, wie die Zeit vergeht."
„Ja, und der Hunger mit der Zeit,
wenn die Stunden vergehen.
Später ist es dann einfach zu spät."

Er sieht mir fragend ins Gesicht.
Ironie versteht er nicht.
„Wenn´s dir nicht gut geht, tut mir das leid.
Gurgel und Magen bei mir sind ganz weit."

„Ich habe inzwischen schon mal gegessen
und nur noch ein bisschen rumgesessen.
Ich dachte mir schon,
du kommst irgendwann.
Ich weiß doch, dass man sich
auf dich verlassen kann.
Es sei denn, du hast es vergessen!"

Er sieht mir fragend ins Gesicht.
Ironie versteht er nicht.
„Ich bin doch da unterdessen.
Komm, lass uns erst mal was essen."

Freundschaft

Gerade erwacht! Zuvor, als ich schlief,
träumte ich ganz stark von dir.
Jetzt sitz ich am Tisch, ein Blatt vor mir,
und sammle Gedanken für einen Brief.

Ich hatte versprochen, dir bald
mal zu schreiben
bei unserem Treffen
vor ein paar Wochen.
Die Zusage habe ich schon gebrochen,
das muss mich jetzt nicht länger treiben.

Noch dunkel draußen, doch wie ich seh,
ist der Boden nicht nass.
Das kommt mir zupass.
Es ist wohl nicht kalt und es liegt
auch kein Schnee.

Da geh ich am besten gleich in den Garten.
Die gute Gelegenheit muss ich nutzen
um noch ein paar Beete sauber zu putzen.
Dein Brief muss bis nach
dem Essen warten.

. . .
. . .
Jetzt bin ich müde, träge und satt.
Mir fällt auch nichts ein, was sich lohnt,
dir zu schreiben,
darum lass ich es bleiben.
Immerhin reichte es für ein Blatt.

Ich würde mich freuen, von dir zu hören.
Wie es dir geht und was du so treibst.
Es wäre schön, wenn du mir schreibst.
Jetzt will ich dich nicht länger stören.

Gedankenlos

Ich sitze völlig gedankenlos
und stiere vor mich hin.
Rein gar nichts kommt mir in den Sinn.
Was ist bloß mit meinen Gedanken los?

Ich sitze so rum, die Gedanken schweifen.
Ganz weit hinten flimmert eine Idee.
Ich strenge mich an, damit ich sie seh.
Sie wird deutlicher, fester. Ich kann sie
fast greifen.

Schon lange habe ich darauf gehofft,
jetzt bin ich endlich mal wieder so weit:
Ein neues Gedicht, das wurde auch Zeit!
Ich höre kaum, dass es klopft:

„Du machst grade nichts, das passt.
Ich brauche eine Marke für diesen Brief,
Gib sie mir bitte aus deinem Archiv,
wenn du eine entsprechende hast."

Ich erhebe mich zu diesem Zweck
und suche eine passende Marke heraus.
Ich habe immer welche im Haus.
Dann setz ich mich wieder. Die Idee ist weg.

Ich sitze so rum. Die Gedanken fliegen.
Im Hintergrund schimmert ganz
schwach eine Ahnung.
Ich schreibe sie auf, zur Vorsicht,
als Mahnung.
Sie soll nicht wieder Flügel kriegen.

Nach dem Essen sitze ich so rum
und lese auf dem Zettel:
„Wie man sich Gedanken macht."
Was hatte ich mir dabei gedacht?
Keine Ahnung. Alles weg. Zu dumm!

Dann sitze ich wieder gedankenlos
und starre vor mich hin.
Absolut überhaupt nichts macht mehr Sinn.
Was ist bloß mit meinen Gedanken los?

Frohe Weihnachten, liebe Freundin

Die Karte wählte ich mit Bedacht,
weil du gern schläfst, nicht nur bei Nacht.
Ich wünsche dir beim Betrachten
ganz wunderschöne Weihnachten.

Und nebenbei im Sternenschein
soll dies auch noch ein Gutschein sein
für Dünger, Samen, Unkrautvernichter.
Besorgt und eingebracht
von deinem Dichter.

Auf dass der Rasen kräftig spriesst,
wenn man ihn nur genügend gießt.
Ich schaue aufmerksam gespannt nach oben,
ob es dir wohl gefällt?
Dann darfst du mich loben.

Der Spieler

Seit meiner Kinder- und Jugendzeit
Bin ich ein leidenschaftlicher Spieler.
Ob allein, zu zweit oder
in Anwesenheit vieler,
Für ein Spielchen bin ich immer bereit.

Und wenn es klingelte um halb zwei
in der Nacht:
"Kommst Du? Wir brauchen
zum Skat den Dritten!"
Dann brauchte man mich nicht
zweimal zu bitten.
Mir hat das nie etwas ausgemacht.

So manche Nacht verbrachte ich
mit Schach,
Auch mal mit Doppelkopf bei Korn und Bier.
Es stört mich auch gar nicht,
wenn ich verlier,
Es sei denn, ich spiele mal zu schwach.

Mit Würfeln, am Brett, oder mit Karten,
ob Geduldspiele, Taktik- oder einfach
nur Glück-,
vor keinem Spiel zucke ich zurück.
Ruft mich an! Ich komme,
kann es kaum erwarten.

Mit Kindern und Enkeln war Memory in,
da sind die Kleinen sehr fit, da gewinnt
man fast nie.
Da benötigt man keine besondre Regie,
absichtlich verlieren ist da wirklich
nicht drin.

Spiele im Freien liebe ich sehr,
doch meine Fitness hat deutlich gelitten.
Lange schon hab ich kein Spiel
mehr bestritten.
Für Leistung zu alt, es geht nicht
mehr mehr.

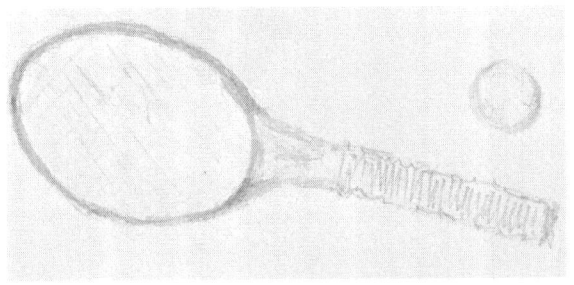

Auch in der Spielbank war ich
gelegentlich Gast
mit Schlips, Jacket und weißem Hemd.
Black Jack und Roulette sind mir
keineswegs fremd.
So manchen Chip habe ich angefasst.

Jetzt spiele ich fast nur am PC,
gegen ihn, zum Spaß, Vergnügen und
Zeitvertreib,
und wenn ich mich da am Gegner reib,
tut das niemandem weh.

Reime

Manches Mal ist mir recht bange,
wenn meine Gedanken
unstet sind und schwanken.
Grübele ich lange,
ist das richtige Wort fort,
gelegentlich fehlt auch das rechte Wort,
und auch beim Umgang mit
passenden Wörtern
muss ich abwägen oder mal heftig erörtern.
Manch gut getakteter Reim
erstickte schon deshalb im Keim.

Verzeiht mir, erscheint etwas ungereimt.
Dann ist der Keim nicht aufgetrieben,
sind die klugen Gedanken
zurückgeblieben.
Ich habe euch nicht bewusst geleimt.

Mein Freund Lektor

Beim ersten Büchlein vor seinem Gesicht
schaute er wohlwollend hinein
und las, und dachte: Warum nicht?
Wenn es ihm Spaß macht?
Soll er doch glücklich sein!

Das zweite fand er auch recht heiter.
Er konnte es ganz genau beschauen
und fragte sich: Geht das so weiter?
Da packt ihn doch ein leichtes Grauen.

Er las das Buch nochmals im Zug
und hatte Muße, es zu lesen.
Er fand, dieser Versuch sei nun
wirklich genug.
„Du Autor und Dichter!
Nun sei es gewesen!

Schon wieder ein Buch von Manfred Kuhn.
Der dritte Band in kurzer Zeit.
Gibt es nichts besseres für dich zu tun?
Lieber Manfred, das geht zu weit!"

Ich denk drüber nach, grüble, sinniere.
Bin ich denn, wie er meint,
wirklich so schlecht?
Sehe mich, wie ich kritzle und schmiere.
Gut! Ich hör auf! Er hat ja recht.

Dieses noch fertigstellen, es ist fast
schon geschrieben,
und ging mir auch flüssig von der Hand.
Manches noch ist auf
der Strecke geblieben,
Schluss ist für mich mit diesem Band.

Das Ende

Was ist der Mensch doch für ein schlechter
Bewahrer der Erde oder Wächter.
Tut so, als wäre er ein rechter,
dabei ist er ein furchtbarer Schlächter.

Er tötet aus beliebigen Motiven,
dabei sind dem Getöteten allemal
Begründungen hinterher völlig egal,
ob aus niederen, edlen oder
sonstigen schiefen.

Gegner, Soldat oder Zivilist,
eingesessen oder vertrieben,
böse und gute, nennts nach Belieben:
Alles Menschen, wie Ihr wisst.

Zu jeder Zeit, an jedwedem Orte,
im Einzelnen oder in Massen,
das Töten können wir nicht lassen.
Da fehlen mir tatsächlich die Worte.

Wie und wo und womit auch immer,
einfach so oder gezielt,
mit voller Absicht oder gespielt:
Es geht tatsächlich immer noch schlimmer.

Jetzt steuern wir alle konsequent
ins Verderben.
Die Erde hält uns nicht mehr aus,
zerdrückt uns bald wie eine Laus.
Ach, irgendwann müssen wir
sowieso sterben ...

Frankfurt am Main

„Un es will merr net in mein Kopp enei,"
- So schrieb es Friedrich Stoltze nieder -
„wie kann nor e Mensch net von
Frankfort sei!"
Die Worte beflügeln mich immer wieder.

Adenauer war nicht aus Frankfurt, der
stammte vom Rhein
und wollte nicht ständig nach Frankfurt hin.
Deshalb konnte Frankfurt nicht
Hauptstadt sein,
drum wurde es Bonn. Jetzt ists Berlin.

Heut scheint das nicht wichtig,
doch so war es gelaufen,
auch wenn es manchem nicht gefällt.
Für „Hauptstadt" kann man sich
nichts kaufen,
für mich bleibt Frankfurt
der Nabel der Welt.

Der Frankfurter selbst gibt sich
freundlich, weltoffen.
Erscheint er dem Reisenden
mal griesgrämig und schwach,
dann kommt er wahrscheinlich,
so ist zu hoffen,
von nebenan: Aus Offenbach.

Wir Nachbarn kennen uns schon
sehr sehr lange
und ulken und necken uns bis zum Zwist.
Wird aber der „Scherz" von zu
heftigem Range,
schwimmt im Main eine „Botschaft"
herunter: Mist!

Ich fühl mich als Frankfurter Bub dorch un
dorch
auch wenn ich net werklich gebürtig hier bin.
Gedanken an „vorher" sind flüchtig und
morsch,
da war ich noch Kleinkind ohnehin.

Ich erlebte noch dickes Eis auf dem Main,
darauf konnte man
nach Dribbdebach laufen.
Ich erinnere mich gut, ich war noch klein,
ließ nen Steppel Fleischwurst mir kaufen.

Ich kam nach Frankfurt, lange ists her,
der Römerberg war ein Berg von Schutt.
- Goethe allerdings lebte schon nicht mehr.
Überall war vieles vom Weltkrieg kaputt.

Beim Entrümpeln ging nicht alles glatt,
doch wurde gut und viel geschafft,
und wie ich wuchs auch die Stadt,
es wurde geräumt und gebaut
mit voller Kraft.

Mit fortschreitendem Wiederaufbau
verschwand Stück für Stück
über Bauschutt und Ruinen hinweg vertraut
vom Römer zum Dom der freie Blick.
Heute ist er total zugebaut.

Wenn man mit dem Ebbelwei-Express
durch Frankfurt fährt,
sieht man fast überall Attraktionen
und staunt, was alles erlebenswert
ist. Ein Frankfurt-Besuch wird sich
ganz bestimmt lohnen.

Das Wiederherstellen alter Gemäuer
wie auch die Erhaltung grüner Flächen
waren den Frankfurtern selten zu teuer.
Da kann man ruhig mal ein Lob aussprechen.

Mainufer, Parks und die Niddaauen,
der Grüngürtel, Zoo und Palmengarten
sind gut zu bewandern und beschauen,
auch Stadtwald und Taunus warten.

Die Alte Oper, Neue Altstadt,
viele Museen aller Coleur,
Theater und Schauspiel, Unterhaltung satt.
Da kommt man doch immer gerne mal her.

Von den nicht ganz so tollen Ecken,
wo mal ein Architekt gesündigt
hat, fällt mir spontan und ums Verrecken
kein Beispiel ein. Meine Erinnerung kündigt.

Verändert hat sich noch viel mehr:
Spekulantentum, Hausbesetzungen,
Hochhausboom!
Zugenommen hat auch der Verkehr.
Nicht alles war gut für das Bürgertum.

Wie sagte der zuständige
Verkehrsdezernent:
„Verkehr ist wie Wasser, er bahnt sich
selbst seinen Weg."
Wir haben dafür gesorgt, dass er rennt.
Nicht der Verkehr. Der Dezernent!

So mancher Autofahrer schon
hat sich verfahren.
In der „Schleifenlösung" im Westend
kennt man sich kaum aus,
doch die funktioniert schon seit
etlichen Jahren
und ich komme immer noch gut nach Haus.

Beim S- und U-Bahn-Bau gab es Entrüstung
über ein „Oben ohne"- Plakat.
Eine junge Frau mit „ohne Brüstung"
verursachte heftigen Eklat.

Das soll es jetzt mal gewesen sein,
das Loblied auf dich, mein
Frankfurt am Main.
Beim Dämmerschoppen, ganz allein,
fällt mir der Stoltze wieder ein:

Gern hau ich mer in mei Kopp enei
Rippche mit Kraut un Ebbelwei.
Auch Handkäs mit Musik wird vorgeführt,
in Sachsenhausen vor allem zelebriert.

Es gibt so viele schöne Städtchen,
doch ich sage es ohne Scheu:
Liebes Frankfurt, du bist mein Mädchen.
Dir bleibe ich für immer treu.

Inspiration ohne Muse

Vor sich ein leeres Blatt Papier
sitzt der Dichter an seinem Lieblingsplatz.
Ein neues Werk soll jetzt entstehen.
Wird schon gehen,
ohne Eile. Ohne Hatz.
Das Ergebnis steht dann hier.

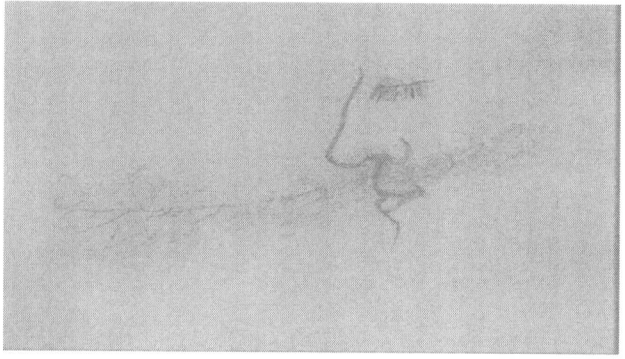

Ein Duft nach Gebratenem zieht
durch das Zimmer,
das stört beim Denken.
Der Gedanke an Essen
lässt ihn das Denken vergessen.
Er muss die Gedanken aufs
Schreiben lenken,
doch der Appetit wird schlimmer.

Auf einmal fällt das Denken schwer.
Er grübelt und sucht und findet nicht
die richtige Stelle
so auf die Schnelle.
Am Ende des Tunnels leuchtet kein Licht.
Alles leer.

Also geht er zum Ausgangspunkt
der Gerüche
und speist. Spürt, wie die Gedanken
sprießen.
Das muss er sich merken:
Zuerst immer stärken!
Schreiben kommt nach dem Genießen.
Seine Inspiration ist die Küche!

. . .

Vor sich ein leeres Blatt Papier
sitzt der Dichter an seinem Lieblingsplatz.
„Ob ich das wohl endlich lern?
Voller Bauch studiert nicht gern!"
Nicht mal ein Satz,
schon gar kein Gedicht entsteht heute hier.

Glücksfall

Es war so ein Tag, wo einfach nichts geht,
der Wecker nicht klingelt,
weil das Uhrwerk steht,
das Wasser kalt ist und einfach nicht warm
und der Kaffee zu dünn.
Dann drückt noch der Darm.

Auch noch Zahnschmerzen beim Kauen,
so kann man sich den Tag versauen.
Den Bus verpasst, und das Maß
voll zu machen,
vergaß ich zu Haus ein paar wichtige Sachen.

Der Chef schlecht gelaunt,
doch das kenne ich schon.
Wohl wieder mal Ärger mit seinem Sohn.
Lustlos zum Mittagessen mit großem Frust.
Im Bett wäre ich geblieben, hätt ich das
morgens gewusst.

Und dann sah ich DICH.
Ein Glücksfall für mich.

Das Blitzen der Augen,
das herzliche Lachen,
da kann man nicht mehr auf lustlos machen.
Die Probleme verschwanden, fielen ab,
beim Arbeiten kam ich noch richtig
auf Trab.

Zu Hause dann war ich ausgeglichen,
der ganze Ärger war von mir gewichen.
Ich habe mich fröhlich
zum Schlafen gebettet.
Danke! Du hast mir den Tag gerettet.

Olympia

Überall ist Corona, auch bei Olympia.
Um ein Jahr verschoben, in Tokio.
Die Bürger waren über beides nicht froh.
Nicht sehr viel Covid, doch immer da.

Brot und Spiele nur für Sponsoren,
die waren immer gut aufgestellt
und omnipräsent für die ganze Welt.
Zuschauer mussten vorm
Fernsehgerät schmoren.

Wir waren dieses Mal schwach wie noch nie.
Es gab dafür so manchen Grund.
Läuft halt nicht immer alles rund.
Im Zweifelsfall war es die Pandemie.

In Erinnerung bleibt mir vom ganzen Verlauf
ein Häuflein Elend, das chancenlos hockte,
weil ein Pferd die Goldmedaille verbockte,
und der deutliche Ruf „Hau drauf!"

Damit meinte man keinen Boxer.
Es war nicht mal im Ring,
sondern, das war ein Ding,
mehr in der Nähe vom Oxer.

Und die Zeitverschiebung von Japan zu uns,
täglich hundert Mal gefühlt geschunden
der Zeitunterschied von 7 Stunden.
Das zu berichten war sehr große Kunst.

Wenn Corona uns läßt,
startet in Frankreich in drei Jahren
die nächste Olympiade.
Wir werden´s erfahren:
Vielleicht wird das dann ein Zuschauerfest.

Der Autor geht,
und niemals kommt er wieder.
Dieses ist sein letzter Vers.
Bitte macht ihn nicht so nieder!
Vielen Dank. Das wär´s!

Wenn Ihr Freude daran hattet:

Von mir gibt es auch

ALL-TÄGLICHES
GEDICHT – GEDACHT – GEMACHT
ISBN 978-3-96014-445-8

ALL-TÄGLICH-NEU
GEDICHT GEDACHT.
GELACHT. GEMACHT. GEMOCHT
ISBN 978-3-96014-751-0